VBB
Bitte vor Fahrtantritt hier entwerten
10 05 Di 13 Mark. 5 Museum
Berlin
ABC
6,30 EUR
TAGESKARTE
Regeltarif
B3T
24.03.2003
P 1389
Nachdruck verboten
Gemeinsamer Tarif der im Verkehrsverbund Berlin-Brandenburg zusammenwirkenden Verkehrsunternehmen.
Gültig nach den geltenden Beförderungsbedingungen.
BVG · Potsdamer Str. 188 · 10783 Berlin · Tel. 2560.
BVG
14/3 大众百通
01139
贰元
上海公交汽电车乘车
100 YEARS OF ELECTRIC TRAMS IN MELBOURNE
2006
1906
YARRA TRAMS
metcard
For information call 131 638
Issued subject to the Transport Act 1983, Regulations and Ticket Conditions
urbano
1,30 euros
Metropolitano de Lisboa E.P.
metro
Watch your step.
61% of bus customer injuries are caused by slips, trips, and falls while getting off buses.
Don't become a statistic.
Going your way—the safe way
Please refill and use this card until its expiration date.
For Customer Service, call 212-638-7622; outside NYC: 1-800-METROCARD.
Subject to applicable tariffs and conditions of use.
HALLSTÄTTER SALZBERG-SEILBAHN
271920
Tarif E
Berg- Tal-
Fahrt
DRUCK ZAWADIL WIEN
C.F.L.
CONSERVE-SE ESTE BILHETE
2$50
INCLUINDO O IMPOSTO DE SELO
510/01 000495
25 Jul 2006 11:54
carris
N Contr : 500595313
Tarifa Bordo
1,20€
CONSERVAR ATE AO FIM DE VALIDADE
18.-7.-7
東京
東京メトロ線
160
7583
BRISTOL OMNIBUS CO. LTD.
NOT TRANSFERABLE
Subject to Company Regulations
Qk 3539
15
SEN
NAIK
Perkhidmatan Pengangkutan BANDARAYA
Off-Peak
GCT
CLD SPG
Subject to tariff regulations
Metro-North Railroad
Bus Pass
BUS PASS
24 JUN06
£3.50
Not for resale
London Transport issued subject to conditions - see over

Wie wir
in der City
wohnen

STAFFORD CLIFF

WIE WIR *in der City* WOHNEN

MIT 363 FARBFOTOGRAFIEN VON

GILLES DE CHABANEIX

Aus dem Englischen von Barbara Sternthal

CHRISTIAN BRANDSTÄTTER VERLAG

Die Tür eines Stadthauses *(Seite 1)* und Variationen von Treppenhäusern *(Seiten 2–7)* symbolisieren zwei Aspekte urbanen Wohnens.

Wie wir *in der City* wohnen

EINLEITUNG

Eine Vignette öffentlicher Transportsysteme *(gegenüberliegende Seite):* Straßenbahnen, hier in Prag, gibt es ausschließlich in großen Städten.

Städte, vor allem Innenstädte – dieses Konzentrat aus Menschen und Bauten – erlebten während der letzten zwanzig Jahre eine Art Renaissance: Anstatt in grüne Vororte oder sogar in Landstädtchen oder Dörfer zu entfliehen, ziehen stilbewusste Menschen nach und nach wieder in die Stadtzentren. Ehemalige Kaufhäuser, lichte Industriegebäude und Handwerksbetriebe werden von Designern, Architekten und zukünftigen Wohnungsbesitzern zu Lofts und Appartements aller Größen und Formen mit ausgeklügelten Design- und Dekorationslösungen sowie oft genug State-of-the-Art-Technologien verwandelt. Sogar in Paris und New York – Städte, die immer lebendige Downtown-Communities und -Kulturen besaßen – entsteht in Fabriks-, Kaufhaus- und Bürogebäuden neuer Wohnraum, während die Unternehmen in die Vororte ziehen.

Diese Entwicklung, auf den folgenden Seiten in all ihrer Vielfalt gezeigt, ist vor allem in den europäischen und nordamerikanischen Städten des 19. Jahrhunderts bemerkbar. Hier wurden konzentrierte urbane Bereiche wiederbelebt und erhielten eine neue Vitalität, und hier wurde neuartiges Wohnambiente zum kongenialen Ausdruck von Persönlichkeit und individuellem Geschmack. Hand in Hand mit diesem Revival ging die Erneuerung des Lebens an öffentlichen Plätzen, eine Intensivierung des Lebens draußen: auf Café-Terrassen, in Bars und Restaurants, Läden und Galerien. Es ist genau diese neue, vibrierende Lebendigkeit, auf die der Fokus dieses Buches zielt.

Damit ist dies ein Buch über die Unterschiede, auf welche Weise Architektur und Topographie verschiedener Städte den Lebensstil ihrer Bewohner und die Definition ihres Lebensraums beeinflussen. Die Unterschiede sind deutlich zu erkennen, sie machen den Charme, die Lebendigkeit und Anziehungskraft von Städten wie London, Paris, New York, Los Angeles, San Francisco, Sydney und Tokio aus.

Man muss sich, zum Beispiel, nur einige der Stadtwohnungen ansehen, die in

diesem Buch gezeigt werden – welche Unterschiede! Das Ziel mag eine Wohnung in einem Fin-de-Siècle-Haus im sechsten *arrondissement* in Paris sein, einem ausgesprochen kultivierten Ort urbanen Lifestyles. Ziemlich sicher muss man den Code für den elektronischen Türöffner kennen, um überhaupt durch das große Tor an der Straße zu kommen. Ist man einmal drinnen, findet man sich gegenüber einem Innenhof, von dem ein paar Flure abzweigen. In einem davon findet man den Aufzug zu den höher gelegenen Etagen, wofür man wiederum Codes benötigt. Einmal im richtigen Stockwerk angekommen, gibt es immer noch eine Türklingel oder einen -klopfer zu überwinden, bis man endlich im in das Appartement eintreten kann.

Ist nun der Besitzer der Wohnung jemand, der einen speziellen Sinn für modernes Wohnen im urbanen Raum hat, so ist es durchaus möglich, dass man sich in einem Raum wiederfindet, der in schärfstem Kontrast zum Gebäude selbst steht: Die Möbel könnten hell und fast schockierend modern sein, selbst wenn die Deckenstuckatur, die Wandpaneele und traditionellen offenen Kamine beibehalten wurden. Vielleicht gibt es sogar einen klitzekleinen Balkon mit einem Blick auf die berühmten Dächer von Paris, auf die Seine oder andere Wahrzeichen der Stadt. Genau diese Kontraste sind Thema vieler Fotografien auf den Seiten dieses Buches.

Nichts kann sich vom eben Beschriebenen stärker unterscheiden als der Besuch eines Hauses in Tokio oder Kyoto. Hier wird man mit hoher Wahrscheinlichkeit Adresse und Telefonnummer brauchen, um sie dem Taxichauffeur zeigen zu können. Wenn er einmal nahe dem fraglichen Haus ist, wird er die Bewohner nochmals anrufen, um sich eine präzise Wegbeschreibung geben zu lassen. Hausnummern beginnen hier nämlich nicht an einem Ende der Straße und führen dann stringent zu ihrem anderen Ende, sondern springen unregelmäßig hin und her, weil sie der Chronologie folgen, in der die Häuser erbaut wurden.

Andere Städte, andere Wege: Durchfahrtsstraßen in Los Angeles beispielsweise erstrecken sich nicht selten über gut dreißig Kilometer, weshalb es wesentlich ist, Querstraßen zu kennen. Das gilt im Übrigen für eine ganze Reihe nordamerikanischer Städte. Hier blieb das Wohnen in Vororten dominierende Norm, während die so genannten Innenstädte nach wie vor die Domäne von Business-Hochhäusern und Hotels sind.

Manchmal hat man den Eindruck, die Hochhäuser Manhattans – hier die Skyline vor den Anschlägen vom 11. September *(folgende Doppelseite)* – und jene an der Hafenlinie Hongkongs *(Seiten 14/15)* hätten sich von dem Boden, auf dem sie stehen, völlig abgetrennt. Es ist, als hätte das überwältigende Gewicht des Mauerwerks den Boden bis in eine Nichtexistenz zusammengedrückt.

London wiederum präsentiert sich als eine ganz andere Art urbanen Lebensraums, denn es ist ein Netzwerk aus zusammenhängenden Dörfern, die sich viel von ihrem je originären Charakter in einer merkwürdigen Mischung aus Stadt- und Appartementhäusern behalten konnten.

Diese urbane Vielfalt ist es, aus der sich ein beträchtlicher Teil des fotografischen Œuvres von Gilles de Chabaneix formiert: Einerseits Städte in ihrer Gesamtheit gesehen, was in seinen dramatischen »Panoramabildern« präsentiert wird, andererseits als ein Kompendium aus Details in Form von Appartements und Häusern, Straßen und Plätzen, Märkten, Bars, Cafés und Menschen. Letztgenannte, die Bewohner, die schließlich die spezielle Atmosphäre von Städten schaffen, treten auf den folgenden Seiten prominent auf: mit den individuellen Räumen, die ihre Designvorstellungen ausdrücken, an Theken von Bars, auf Restaurantterrassen, auf Flohmärkten oder einfach durch die Straßen flanierend. So feiert dieses Buch also in vieler Hinsicht das Leben in der Stadt und die Qualität, urban zu sein. Es sind diese Menschen – manche davon standen Modell, manche wurden fotografiert, ohne dass sie es bemerkten –, die entsprechend ihrer Bedürfnisse und ihrer Möglichkeiten Innen- und Außenräume kreieren und so ihren höchst einzigartigen Beitrag für das menschliche Kollektiv leisten, das die Stadt an sich ist.

Der Großteil der Fotografien in diesem Buch ist privaten Räumen gewidmet, die hinter und jenseits den Fassaden und des Lebens auf den Straßen und Plätzen liegen: Interieurs und Räume, in denen sich Geschmack und Lifestyle von Individuen in Design und im Arrangement von Myriaden von Artefakten in einem ganzen Universum aus Farben, Stoffen, Materialien und ihrer Verarbeitung widerspiegeln. Aus diesen Bildern urbanen Wohnens entwickelt sich ein ausgeprägtes Gespür für jene öffentlichen Orte, die Stadtbewohner nützen, um alle Bereiche auszubalancieren: ihre privaten Bedürfnisse, die Ansprüche an die Gestaltung der Straßen und die Wege zum Arbeitsplatz, öffentliche Zusammenkünfte oder Märkte – dies sind die Themen im abschließenden Kapitel dieses Buches.

Bank of America
HUTCHISON HOUSE

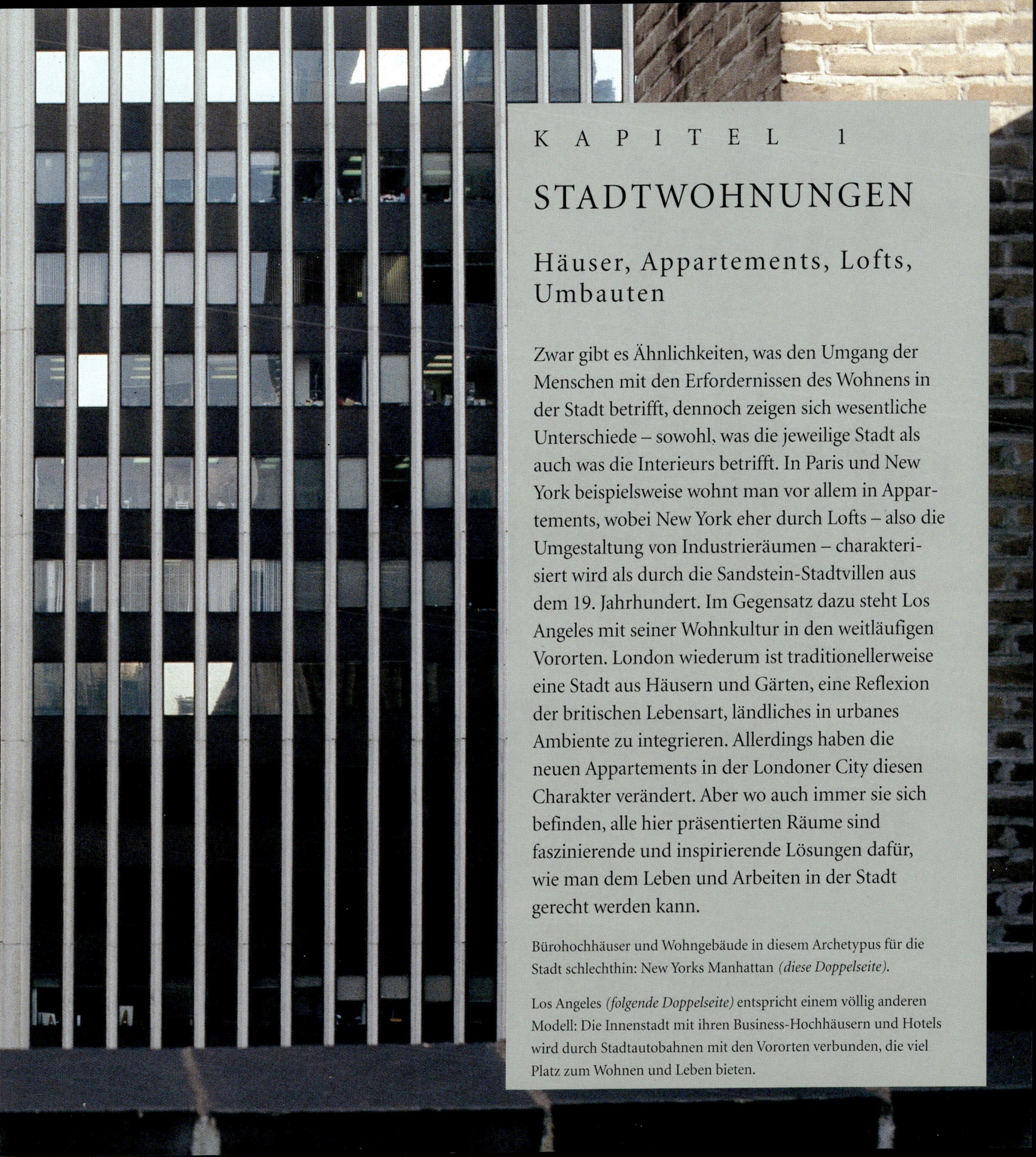

K A P I T E L 1

STADTWOHNUNGEN

Häuser, Appartements, Lofts, Umbauten

Zwar gibt es Ähnlichkeiten, was den Umgang der Menschen mit den Erfordernissen des Wohnens in der Stadt betrifft, dennoch zeigen sich wesentliche Unterschiede – sowohl, was die jeweilige Stadt als auch was die Interieurs betrifft. In Paris und New York beispielsweise wohnt man vor allem in Appartements, wobei New York eher durch Lofts – also die Umgestaltung von Industrieräumen – charakterisiert wird als durch die Sandstein-Stadtvillen aus dem 19. Jahrhundert. Im Gegensatz dazu steht Los Angeles mit seiner Wohnkultur in den weitläufigen Vororten. London wiederum ist traditionellerweise eine Stadt aus Häusern und Gärten, eine Reflexion der britischen Lebensart, ländliches in urbanes Ambiente zu integrieren. Allerdings haben die neuen Appartements in der Londoner City diesen Charakter verändert. Aber wo auch immer sie sich befinden, alle hier präsentierten Räume sind faszinierende und inspirierende Lösungen dafür, wie man dem Leben und Arbeiten in der Stadt gerecht werden kann.

Bürohochhäuser und Wohngebäude in diesem Archetypus für die Stadt schlechthin: New Yorks Manhattan *(diese Doppelseite)*.

Los Angeles *(folgende Doppelseite)* entspricht einem völlig anderen Modell: Die Innenstadt mit ihren Business-Hochhäusern und Hotels wird durch Stadtautobahnen mit den Vororten verbunden, die viel Platz zum Wohnen und Leben bieten.

Viele große Städte besitzen ein bestimmtes Wahrzeichen als unverwechselbares Symbol ihrer selbst: Auf diesen Bildern *(links und rechts)* taucht der Eiffelturm einmal als Skulptur in einem Pariser Appartement auf, während das Original durch das Fenster eines Lofts hoch über den berühmten Dächern von Paris zu sehen ist. Eine andere Ikone kultivierten Wohnens in der Stadt beherrscht hier den Vordergrund *(rechts)*: Mies van der Rohes Barcelona-Chair, den er 1929 für den deutschen Pavillon auf der Weltausstellung in Barcelona entworfen hat.

HOTEL

Die »gerahmte Stadt« – gewissermaßen als dekoratives Element in die Wohnung getragen: Auf beiden Bildern, das eine von einem Loft in Brüssel *(oben)*, das andere von einem Appartement in San Francisco *(rechts)*, sieht man, wie der Blick auf die Stadt als eine Art Tableau verwendet wird und die Rolle der Wohnung als kleine Oase im Getriebe der Stadt noch einmal hervorhebt. Die geraden Linien Brüssels werden durch die kreisförmige Vorrichtung am Fenster gebrochen, während die reduzierte Ausstattung mit Blick auf San Francisco die Fenster zum Fokus des gesamten Ensembles macht.

Zimmer mit Aussicht – doch sehr unterschiedliche Aussichten in ebenso unterschiedlichen Städten: Kühle, klassische Eleganz wird in St. Petersburg von einem Balkon eingerahmt *(oben)*; eine mehrspurige Autobahn als bewegter Hintergrund dieses Appartements in Tokio *(rechts)*.

BRÜSSEL

BRÜSSEL

BRÜSSEL

BRÜSSEL

VENEDIG

BRÜSSEL

BRÜSSEL

BRÜSSEL

BOMBAY

Die »Gesichter« einer Stadt: Ihr ganz individuelles Aussehen ergibt sich aus den Fassaden entlang ihrer Straßen. Und innerhalb der Fassaden spielen die Formen und Umrahmungen der Fenster eine wesentliche Rolle, dieses Aussehen im Detail zu definieren – von den Fin-de-Siècle-Häusern Brüssels über die Gotik eines venezianischen Palazzos bis zu den nüchternen Giebeln Amsterdams *(rechts)*.

ISTANBUL

LONDON

Gebäude sind oft der Ausdruck des dominierenden Charakters jener Kulturen, die sie errichteten. So ergibt sich beispielsweise ein reizvoller Kontrast zwischen der urbanen Eleganz des georgianischen Londons und dem bodenständigen, sachlichen Stil eines New Yorker Appartementblocks aus dem frühen 20. Jahrhundert. Und der ganze Glanz Russlands im 19. Jahrhundert präsentiert sich in den anmutigen Fassaden der Paläste St. Petersburgs *(rechts)*.

BARCELONA

NEW YORK

Blickt man von drinnen nach draußen – in diesem Fall auf den Garten des Palais Royal in Paris *(links)* –, sieht man, dass Fenster nicht bloß in den Fassaden, sondern auch in urbanen Interieurs dominierende Elemente sein können *(rechts)*: Fenster lassen die Stadt hinein in Wohn- und Arbeitsräume. Sie können von Vorhängen, Rollos oder Jalousien geschmückt sein, halb verborgen sein oder offen stehen und eine Aussicht enthüllen, sie können aber auch als ideale Kulisse für einen Lieblingssessel dienen *(folgende Doppelseite)*.

PARIS

PARIS

PARIS

LONDON

NEAPEL

PARIS

LOS ANGELES

ISTANBUL

PARIS

Die Verwandlung von Industrieräumen in urbanen Wohnraum, ursprünglich vor allem assoziiert mit Entwicklungen im New York der 1960er und 1970er Jahre, ist mittlerweile ein oft gesehenes Phänomen in vielen Großstädten. Die beiden hier gezeigten Lofts befinden sich in Paris. Ein Blickfang sind die altmodischen Polstermöbel in der unverändert strengen Originalstruktur des Raums *(links)*. Ein Stück ihrer Vergangenheit als Druckereibetrieb wurde in einer anderen Wohnung *(rechts)* durch das runde Gestänge der Treppe sowie durch die Metallregale im Hintergrund erhalten.

Ein ausgesprochen »städtischer Look« für Küchen und Essplätze: beide Beispiele *(oben und gegenüber)* befinden sich in Pariser Appartements. Wo der Raum im Vordergrund steht, muss er überlegt eingeteilt werden, weshalb hier den verschiedenen Elementen – eingebauten und beweglichen Möbeln – viel Aufmerksamkeit gewidmet wurde, um sie in die richtige Relation zueinander zu bringen. Regale und Küchenkästchen sehen ordentlich und praktisch aus, wirken aber dennoch dekorativ; die Esstische dienen auch als Arbeitsplätze.

Klarheit um jeden Preis dürfte bei der Gestaltung dieses New Yorker Appartements *(links)* offensichtlich eine vorherrschende Rolle gespielt haben. Die hellen Farben der Wände und des Holzbodens fangen das durch die großen Fenster strömende Licht ein. Wenige Möbel, dafür aber einige strahlende Farbtupfer schenken dem Raum seine dramatische Wirkung.

Einerseits konnte man sich darüber freuen, dass die Zentren der Hauptstädte eine Renaissance erlebten, andererseits wurden Raum und Licht zur wertvollen Rarität in diesem rezenten städtischen Umfeld. Die Suche danach beeinflusst die Entscheidungen für einen bestimmten Wohnstil. Einer davon ist die Wahl eines Wohnraums, der nicht als solcher vorgesehen war – Kaufhäuser oder Industriegebäude beispielsweise –, um ihn entsprechend individueller Bedürfnisse in wohnliches Ambiente zu verwandeln. Dazu zählt dieses Pariser Loft *(rechts)*, das vergleichsweise ursprünglich belassen wurde.

Die Inneneinrichtungen einiger von einer Künstlerkolonie bewohnten Lofts in der Nähe von Paris sind aufgrund der Kombination uneinheitlicher Objekte und Möbelstücke besonders interessant für das ursprünglich semi-industrielle Umfeld. Dieses Arrangement *(oben und rechts)* hat etwas von einer Installation: Ein Industrieofen, klassische Möbel, moderne Barhocker, eine japanische Reispapierlampe und Registrierschränke passen auf den ersten Blick nicht zusammen. Zusätzlicher Raum wurde mit der Galerie gewonnen.

Der großzügige Raum, der einem als Loftbewohner zur Verfügung steht, ist oftmals Inspiration für andere Häuser oder Appartements. Auffällig ist das bei diesem Pariser Beispiel *(links)* mit seinen Nischen und den großen Flächen weißer Wände. In diesem Fall bieten die verschiedenen Ausnehmungen den idealen Platz für die Privatsammlung des Besitzers.

Das Arrangement des Bodens rund um einen zentralen Schacht lässt das Licht von Raum zu Raum fließen *(rechts und folgende Doppelseite)*. Die Säulen und die Dielen vermitteln die Grundstruktur des Gebäudes.
Eine ähnlich großzügige Atmosphäre vermittelt eine Pariser Wohnung *(Seiten 46/47)*, die durch ihre monochrome Farbgestaltung akzentuiert wird – ein ausgesprochen passender Rahmen für die Sammlung berühmter Fotografien von Pablo Picasso.

Folgende Doppelseiten
In diesem Appartement in Los Angeles *(Seiten 48/49)* ist der Fifties-Style unübersehbar vorherrschendes Thema. Die lange Nische im oberen Teil der Wand und die sichtbaren Deckenbalken bilden einen reizvollen Kontrast zu den schweren Polstermöbeln.

Die folgenden Seiten illustrieren drei sehr unterschiedliche Möglichkeiten, mit klassischen Pariser Interieurs umzugehen: Das eine Beispiel *(Seiten 50/51)* erhält seinen attraktiven eklektischen Charakter durch das Arrangement aus Möbeln der 1930er Jahre und zahlreichen skulpturalen Stücken. Im Gegensatz dazu die ungebrochene Harmonie aus Möbeln, Objekten und Gemälden, die samt und sonders dem Empirestil des Raumes verpflichtet sind *(Seiten 52/53)*. Kontrastierend dazu ist das in eleganter, moderner Klassik eingerichtete Appartement *(Seiten 54/55)*: Es ist ein Arrangement aus klaren, geraden Formen, deren Schlichtheit durch die unverdeckten Dielenbretter noch unterstrichen wird.

Schon auf den ersten Blick heimelig wirkt diese New Yorker Wohnung *(Seiten 56/57)*, die in einem Stil eingerichtet und dekoriert ist, den man als »New England Country Style« bezeichnen könnte. Das Modell einer Kirche erinnert an die Dorfarchitektur der nordöstlichen USA. Weitere Hinweise sind die Verwendung traditioneller Stoffe und ländlicher Möbel.

Journal du Mouvement Dada

NORMANDY

HOUSE

KAPITEL 2

STADTRÄUME

Zimmer, Blicke, Lifestyle

Hinter den Fassaden von Häusern und Appartements, jenseits von Plätzen und Durchfahrten liegen die intimen Räume urbanen Lebens. Sie sind ganz unterschiedlich – je nachdem, in welcher Stadt sie sich befinden. Küchen und Badezimmer beispielsweise bedürfen in »Appartement-Städten« einer anderen Aufmerksamkeit als in »Haus-Städten« wie Los Angeles oder London, wo sie großzügiger bemessenen Platz haben können. Die Stile der Räume auf den nun folgenden Seiten unterscheiden sich stark voneinander. Ausgewählt jedoch wurden sie alle deshalb, weil sie einen gekonnten Umgang mit den Erfordernissen des Lebens in der Stadt repräsentieren. Manche davon scheinen buchstäblich die Strenge der Stadt in sich aufzunehmen: minimalistische Ausstattungen und hyperfunktionelle Einrichtungsgegenstände. Für andere dagegen ist die Antwort darauf der Versuch, sich weich und besonders heimelig einzurichten.

Jede Stadt hat ihre einmalige, individuelle Art und Weise, den Wohnraum ihrer Einwohner zu definieren – es ist immer eine Mischung aus Geschichte, Notwendigkeit und Zufall. Hier sind die Dächer von Prag zu sehen.

Stadthäuser – sie gelten als eine der elegantesten Lösungen, dem engen Zusammenleben in großen Städten mit einem angemessenen Grad an Privatsphäre zu begegnen. Viele Großstädte dieser Welt haben ihre eigene Version dieser Grundidee entwickelt. Die Reihenhäuser Sydneys *(oben)* erhalten ihren individuellen Charakter durch die reiche Gusseisendekoration, vor allem an den Balkonen des ersten Geschoßes. Die Villen San Franciscos *(unten)*, liebevoll »painted ladies« genannt, vermitteln inmitten der Hochhäuser einen sehr heimeligen Eindruck.

Enge Verwandte sind die Stadthäuser Englands und der Niederlande: Ein kleiner Vorraum führt zu einer Treppe mit Absätzen, von denen man in die einzelnen Räume gelangt. Und je höher man steigt, desto kleiner werden diese Zimmer. Diese Art von Raum ist für die Bewohner Amsterdams *(oben)* und Londons *(unten)* die übliche Art zu wohnen. Dennoch hat die starke Nachfrage nach Wohnungen dazu geführt, dass viele dieser Häuser in Appartements aufgeteilt wurden.

In dieser Pariser Szenerie vermitteln die Kücheninsel und der nüchterne Herd wie auch die anderen Einrichtungsgegenstände ein intensives »urbanes« Gefühl. Gekocht wird hier vor einem aufregenden Hintergrund: Die berühmten Dächer von Paris sind ein Indikator für die Intensität und Enge städtischen Lebens. Intimität entsteht, wenn die Rattanjalousien geschlossen werden.

Zwei ausgesprochen funktionale Küchen in Paris: Für eine *(links oben und rechts)* entstand aus der Werkbank eines Tischlers eine Kücheninsel. Für die andere *(links unten)* wurden Industrieobjekte zur Aufbewahrung von Küchengeräten umfunktioniert. Die Ansammlung von Geschirr und anderen Küchenutensilien macht die Szenerie lebendig, während die »Tizio«-Lampe dem Ganzen eine elegante Note verleiht.

Im Höchstmaß funktional, aber versehen mit witzigen Dekorationsdetails, fügt sich diese Wohnküche perfekt in einen Dachausbau. Das Bedürfnis nach ausreichend Raum im modernen Stadtleben bedingt oft eine Wiederbesinnung auf jene zentrale Rolle, die die Küche in unserer Kultur eigentlich spielt: Es ist jener Raum, in dem viele von uns essen, sich unterhalten und entspannen – und das Essen kann direkt vom Herd aus serviert werden.

Beträchtlicher Ideenreichtum ist oft notwendig, wenn die Küche mit anderen Räumen des Hauses verbunden werden soll. Den Bewohnern dieses Hauses in Marseille war es offensichtlich wichtig, die Sichtbarkeit der Kücheneinrichtung so weit wie möglich zu minimieren: Der Dunstabzug über der Herdplatte *(links)* wurde so verborgen, dass vom Esstisch aus nur die Verkleidung zu sehen ist *(rechts)*, die Kücheneinheit darunter sieht fast wie eine konventionelle Anrichte aus.

il était
temps..

Eine andere Möglichkeit für Koch-Ess-Bereiche in Stadtwohnungen ist die »Erlebnis«-Küche, bei der jener Nutzraum, den man gemeinhin mit der Zubereitung von Speisen assoziiert, in die Dekoration und Gestaltung der gesamten Wohnung einbezogen wird. Bei den vier hier gezeigten Beispielen wurden Kochutensilien mit rein Dekorativem auf offenen Flächen zusammengestellt. So entstanden Küchen, in denen man wohnen kann, Zentren in den Appartements, Plätze voller Wärme und Komfort, an denen Objekte unterschiedlichster Farben und Formen, aber ohne speziellen Nutzen eine weitere Dimension zum rein zweckmäßigen Aspekt einer Küche bringen.

Im Gegensatz zum eklektischen Durcheinander in den Küchen auf den vorhergehenden Seiten strahlen diese beiden Beispiele aus Los Angeles kompromisslose Nützlichkeit und Modernität aus. Stromlinienformen und kühle Farben charakterisieren die eine *(links)*, während die andere *(rechts)* vom Herd und den dazugehörigen Utensilien dominiert wird. In beiden gibt es Kücheninseln, die sowohl als Erweiterung des Arbeitsplatzes als auch als Essbereich dienen können.

Die überlegte eklektische Anordnung von Objekten in dieser Küche eines Londoner Hauses sieht aus, als wäre sie eine Erweiterung des Antiquitätengeschäfts des Besitzers. Die rustikalen Möbel und das Arrangement aus Tongefäßen und Holzschalen werden von einem Holzbrennherd dominiert.

Diese Küche in einem Pariser Appartement ist ganz offensichtlich ein Ort ernsthaften Kochens. Dennoch haben ihr die Besitzer mit der Sammlung von Krügen und Gefäßen auf der Fensterbank einen dekorativen und damit wohnlichen Touch gegeben.

Starke Ausdruckskraft sowohl was dekorative Farben als auch Formen betrifft, das ist das Leitmotiv von drei auf dieser Doppelseite präsentierten Küchen. Ein massiver, an Großküchen erinnernder Herd beherrscht die Küche in einem Mailänder Appartement *(oben links)*. Dekorative Wand- und Bodenfliesen charakterisieren eine Pariser Küche, in der sogar der Dunstabzug zu einem Dekorationsstück gemacht wurde *(oben rechts und gegenüber links)*. In einem alten Londoner Stadthaus *(siehe auch Seite 74)* werden Armaturen und Utensilien vergangener Zeiten geradezu verschwenderisch wiederverwendet *(gegenüber rechts)*: Was einst simple Grundausstattung war, wirkt hier kultiviert und schick.

In einem Appartement in Mailand erfuhr das traditionelle Küchenabwaschbecken eine elegante – und teure – Modernisierung, indem man es in weißem Marmor ausführen ließ. Und wiederum werden hier Nutzgegenstände mit dekorativen Objekten gemischt, was eine faszinierende Wirkung ergibt. Ein Stoffvorhang verbirgt die Regale unter dem Abwaschbecken.

Mariachi

Küchen, oft voller interessanter Formen und faszinierender Objekte, bieten immer wieder offene Flächen, auf welchen sich zahlreiche Dinge zur Schau stellen lassen. Je bewusster und sensibler Farben und Formen zusammengestellt werden, desto besser sehen offene Regale aus *(links)*. Besonders attraktiv kommt Geschirr auf offenen Flächen zur Geltung, wenn es so wie hier *(rechts)* mit Gegenständen aus der Zeit vor dem Einzug des Plastiks in die Küchen kombiniert wird.

Zwei Beispiele von der amerikanischen Westküste – Los Angeles *(oben)* und San Francisco *(gegenüber)* – dafür, welchen Effekt offene Regale in Stadtküchen erzielen können: Einzelne Bereiche wie Anrichten, Arbeitsflächen und Regale werden zu speziellen Blickpunkten. Betrachtet man die Küchen im Gesamten, wird das Nützliche zusammen mit dem rein Dekorativen – wozu durchaus eine Tischlampe gehören kann – zu einem höchst integrativen Design.

Vor allem Platz braucht man in Küchen, doch selbst kleinste Räume können in angenehme Umgebungen verwandelt werden, wenn Geschirr und Gegenstände intelligent verstaut werden beziehungsweise dem visuellen Effekt, sie offen aufzubewahren, Rechnung getragen wird. Alle hier präsentierten Beispiele, wenngleich sie sich an sehr unterschiedlichen Orten befinden, haben eines gemeinsam: wenig Raum, der reizvoll genützt wurde: Paris *(oben links)*, Istanbul *(oben rechts)*, Saigon *(gegenüber links)* und New York *(gegenüber rechts)*.

Moderne Küchen zeichnen sich oft durch einen ausgeprägt industriellen Stil aus. Im Fall der beiden auf dieser Doppelseite gezeigten Beispiele ist das überaus passend, stehen die Küchen doch in New Yorker Lofts, die in ehemaligen Wirtschaftsbetrieben entstanden sind. Einen Kontrast zum insgesamt eher spartanischen Aussehen der Räume bilden die schicken Küchenutensilien und -möbel. Die Industrieregale dagegen *(rechts)* erinnern an den High-Tech-Stil der 1970er Jahre, der durch den Einsatz strapazierfähiger Industrieausstattungen in einem wohnlichen Kontext charakterisiert wird.

Vom Sonnenlicht beleuchtet, das durch das traditionelle Erkerfenster eines viktorianischen Londoner Stadthauses in den Raum fällt, dominiert diesen Essbereich ein orientalisch inspirierter Look *(links)*. Das lineare Design beginnt mit den breiten Dielenbrettern aus Oregonföhrenholz. Völlig verbannt hat man jeden Anklang an viktorianisches Interieur, indem auch Wände niedergerissen und damit die Räume vergrößert wurden. Zur Aufbewahrung dient ein raumhoher Schrank, der einen breiten Wandteil einnimmt. Vollkommen anders präsentiert sich dieser fast ländlich arrangierte Essplatz *(oben links)* in San Francisco *(siehe auch Seite 83)*, während Eleganz das Leitmotiv dieses Pariser Appartements ist *(oben rechts)*. Als Tisch fungiert übrigens ein umgebautes indisches Tagesbett.

Zurückhaltende Eleganz zeichnet die Essplätze auf dieser Doppelseite aus. Ihrem Stil wurde viel Aufmerksamkeit gewidmet, und das Ergebnis geht weit über die herkömmlichen nationalen oder kulturellen Unterschiede hinaus, wenngleich die Bilder aus ganz verschiedenen Städten stammen: San Francisco *(oben links)*, London *(oben rechts)*, New York *(gegenüber links)* und Los Angeles *(gegenüber rechts)*. Nirgendwo verschwinden Fenster oder Tische unter irgendeiner Art von Hülle, während die Wände aufwändig gestaltet sind.

Das ruhige Understatement dieses modern eingerichteten Pariser Appartements *(siehe auch Seiten 54/55)* gilt auch für das Speisezimmer *(oben und rechts)*. Keine Türe trennt Wohn- und Essbereich, weshalb die behagliche Atmosphäre des Wohnzimmers und die etwas formellere des Speisezimmers miteinander korrespondieren können: Die gepolsterten Stühle am Esstisch passen zu jenen im Wohnbereich, und auch die Holzpaneele wiederholen sich in den beiden Räumen. Wie ein Fenster zwischen den Bereichen wirkt der Spiegel in der Nische.

Auch in dieser Wohnung in San Francisco macht man Gebrauch von der Möglichkeit, einzelne Bereiche miteinander zu verbinden. Hier geschieht das durch den großen Türbogen, der zur Brücke zwischen dem Esszimmer und anderen Räumen wird. Das gesamte Arrangement ist zeitgenössisch und wirkt doch ausgesprochen klassisch.

Im Gegensatz zum gegenüber abgebildeten Esszimmer macht diese Wohnküche in Paris aus purem Eklektizismus die reine Tugend: High-Tech-Bürostühle stehen im reizvollen Kontrast zum Esstisch, der aus einem antiken indischen Bettgestell gefertigt wurde.

Lange Esstische haben eine ganz besondere Ausstrahlung – sie erzählen von Großzügigkeit und langen, entspannten Dinners, umso mehr, wenn sie an der Grenze zum Garten, wie hier in diesem Haus in Los Angeles *(oben)*, platziert werden.

Eindeutig drinnen befindet sich dieser Esstisch in einem neapolitanischen Haus *(gegenüber)*, aber auch er evoziert Bilder von gutem Essen, gutem Wein und guten Gesprächen.

Eine gut ausgestattete Bibliothek oder ein Lesezimmer sind die Zierde der Wohnung oder des Hauses jedes denkenden Menschen: Sie sind die Fundgrube für die intellektuellen Vorlieben ihrer Eigentümer. Mit einigen schräg gestalteten Bücherschränken erreichte der Designer dieses Raums einen interessanten visuellen Effekt in einem Ambiente aus luxuriösen Art-déco-Möbeln. Dank des massiven Tisches kann man in diesem Zimmer sowohl essen als auch lesen und arbeiten.

LA PORCELAINE MING

Das Speisezimmer in der Wohnung eines bekannten Pariser Möbeldesigners wird vor allem durch die außergewöhnliche Form der von ihm kreierten Stühle belebt. Ihren besonderen Charakter erhalten sie durch eine Art »Seileffekt« an ihren Rückenlehnen und den unteren Teilen.

Es öffnet sich nach draußen und ist doch Teil des Hauses: Dieses Pariser Fin-de-Siècle-Gewächshaus, in dem der grandiose Plafond und die originale Deckenleuchte erhalten wurden, bietet viel Platz für ein elegantes Speisezimmer. Die opulente Konstruktion ist der perfekte Rahmen für ein gestyltes Dinner.

Diese beiden Pariser Interieurs – offensichtlich Essplätze – bestechen sowohl durch ihre Exzentrik als auch durch ihre Behaglichkeit. Beides entstand durch das konzentrierte Miteinander von Mustern, Materialien, kleinen Objekten und Möbelstücken. In dem einen Speisezimmer *(links)* ist alles wie auf einem Schiff arrangiert, ganz als würde man sich auf einem Hausboot auf der Seine befinden. Die Intensität des anderen *(rechts)* entsteht durch die visuellen Effekte aus dem Zusammenspiel zahlreicher dekorativer Elemente, die mit eigenwilligen Möbeln kombiniert wurden.

Die Prinzipien der Innenarchitektur könnten in zwei Kategorien eingeteilt werden: einerseits gibt es das Streben nach puren, schlichten Linien und Formen, andererseits die Glorifizierung elaborierter Dekoration. Wo die Sympathien der Besitzer dieser beiden Appartements liegen, darüber besteht wohl kein Zweifel. In beiden entsteht durch das Zusammenspiel aus Möbeln, Objekten und Dekorationsdetails ein dramatischer Effekt – in dem einen *(oben)* farbenfrohe Behaglichkeit, in dem anderen *(gegenüber)* gotische Anklänge.

Erfolgreiches Management des vorhandenen Platzes ist meistens der Schlüssel dazu, das Beste aus dem Wohnen in der Stadt zu machen, vor allem innerhalb der engen Grenzen kleiner Appartements. Was geschickte Raumkonzepte betrifft, können wir sehr viel vom japanischen Minimalismus lernen. Um Wohnräume zu definieren, werden leichte Schiebewände sowohl aus Holz *(fusuma)* als auch aus Papier in einem leichten Rahmen *(shoji)* verwendet: So kann man Räume öffnen oder auch schließen, verkleinern oder vergrößern – ganz wie es gerade nötig ist: in einem Haus in Kyoto *(oben)* und, interessanterweise, in einer Pariser Wohnung *(gegenüber)*.

Schlicht, aber stylish: Schlafzimmer in Los Angeles *(links)* und in Paris *(oben)*. Rechnung getragen wurde dem offensichtlich sehr kultivierten Geschmack durch eine Konzentration auf dekorative Details und die Verwendung von bloß ein, zwei gezielt ausgewählten Möbelstücken.

Weiße Stoffe geben jedem Raum eine »weiche« Atmosphäre und schaffen ein Refugium im Getriebe der Stadt.

Von Paris über Neapel bis Los Angeles wird mit jedem der hier präsentierten Schlafzimmer *(links)* ein wesentliches Gestaltungsprinzip demonstriert: Dieser intimste aller Räume erhält seine Behaglichkeit durch eine Gestaltung, wie sie persönlicher und individueller nicht sein kann. Die Skala der Möglichkeiten ist lang, sie reicht von der spielerischen Integration privater Lieblingsstücke über Bücher bis zu Bildern, die man aufhängt. Eine interessante Anregung ist auch jene moderne Version eines Himmelbettes *(rechts)* – es befindet sich in einer Pariser Wohnung –, das durch den weißen Stoffüberwurf und die Bodenlampe aus Papier einen Hauch von Orient erhält.

Die klaren, klassischen Linien eines Londoner Stadthauses spiegeln sich in der Schlichtheit dieses Schlafzimmers wider. Ein paar einfache dekorative Objekte, die die Vorliebe des Besitzers für rustikale Antiquitäten reflektieren, sowie sichtbar belassene alte Dielenbretter am Boden und ein weiß gestrichener Kamin, die den Objekten als Hintergrund dienen.

Eine gewisse Vorliebe für den Barock ist an der Gestaltung dieses Pariser Schlafzimmers zu erkennen. Die Basis des gesamten Arrangements bildet der Parkettboden. In Kontrast zu den barocken Möbeln steht das niedrige moderne Bett.

Die Kunst schlichter, doch sehr geschmackvoller Einrichtung ist diesen beiden Schlafzimmern in New York *(oben)* und Paris *(unten)* gemein. Man hat das Gefühl, dass hier wenig Platz so effizient wie möglich genutzt wurde – man beachte vor allem die Gitterabdeckung der Heizkörper in Manhattan und die Kommode, die auch als Regal dient, in Paris. Die Betten sind jeweils in der Raummitte unter dem Fenster platziert.

Die schlichten Linien und gedeckten Farben moderner Schlafzimmer werden ausgewogener und schöner, wenn weiche, voluminöse Formen integriert werden. Zeitgenössischer Minimalismus gibt diesen beiden Schlafzimmern Strenge, dass sie dennoch einladend wirken, liegt an den weichen Formen, die aufgenommen wurden: eine dicke Bettdecke und riesige Polster. Wird eine Wand in Grau oder Schwarz gehalten, schenkt das dem Raum zusätzlich einen beruhigenden visuellen Effekt.

In der Stadt wohnen, bedeutet oft, mit unkonventionellen und untypischen Räumen umgehen zu müssen. Dieser loftartige Raum schafft eine interessante Variante zum herkömmlichen Schlafzimmer.

Nicht ganz so spartanisch, aber um nichts weniger ungewöhnlich präsentiert sich dieses Arrangement: Der Winkel, in dem das Bett aufgestellt wurde, macht es zu einem »Bett mit Aussicht«.

Diese beiden Schlafzimmer demonstrieren, wie sich Behaglichkeit in Stadtwohnungen bringen lässt. In beiden wurde offensichtlich die strikte Definition des Schlafzimmers erweitert: in dem einen *(oben)* durch die intelligente Verwendung maßgefertigter Möbel (das Bett samt Nachtkästchen) in Kombination mit freistehenden Elementen; in dem anderen *(unten)* dank seiner höchst individuellen Interpretation traditioneller Materialien und Möbelstücke, zu welchen auch ein Stuhl mit extrem hoher Rückenlehne gehört.

Diese beiden Schlafzimmer befinden sich in Stadtappartements, die groß genug sind, um der Lust am Dekorieren freien Spielraum zu geben. In beiden Fällen wird eine zentrale Einrichtung – der offene Kamin – zum Fokus, indem er als Rahmen für verschiedene schmückende Gegenstände dient, auf den die Betten ausgerichtet sind.

Eine absolut nachvollziehbare Reaktion auf das enge Zusammenleben in der Stadt ist das verstärkte Augenmerk auf den privaten Wohnraum und dessen Gestaltung nach höchst persönlichen Geschmackskriterien.

In diesen beiden ausgesprochen individuellen Arrangements unterstreichen die Ansammlungen persönlicher Objekte und Besitztümer die vollkommen einzigartige – und sehr private – Atmosphäre der Räume.

Charakteristisch für urbanes Wohnen ist die oft strikte Reduktion auf bloß Funktionelles. In solchen Fällen kann der Einbau traditioneller oder ungewöhnlicher Installationen Abwechslung bringen: Bei allen auf dieser Doppelseite gezeigten Badezimmern hat man auf Eingebautes oder Maßgefertigtes verzichtet, stattdessen wurden altmodische, unterschiedlich ausgeführte Badewannen verwendet. Zusätzliche dekorative Elemente – ein Warhol-Druck oder eine Wanduhr – bringen einen weiteren Blickfang in diese Räume, die jedenfalls zum Verweilen einladen.

Ihren unverwechselbaren Charakter erhalten Räume oft nicht durch zusätzliche Dekorationen, sondern aufgrund kultureller Referenzen in ihrer Basiskonstruktion. Bei diesem Beispiel aus Paris *(oben)* sind die Ziegelwände eine unmissverständliche Reverenz an die Pariser Métro. Ein anderer Blickwinkel in das Badezimmer von Seite 123 *(unten)* zeigt dekorative Elemente, die sich vom vorherrschenden Weiß des Raums abheben. Ein antikes Doppelwaschbecken verweist auf den zeitlich weit zurückliegenden Ursprung eines sehr modernen Trends.

In jeder Hinsicht kompromisslos urban ist dieses Badezimmer in einem New Yorker Loft *(oben)*, in dem als dominierende dekorative Elemente die Ziegelwand und die derangiert wirkende Blechbadewanne fungieren. Besänftigt wird dieses Interieur durch die an der Wand hängenden Bademäntel und die gefalteten weichen Badetücher. In Kontrast dazu steht dieses Badezimmer in einer Pariser Wohnung *(unten)*: Die Holzverkleidung der Wände und der Wanne erinnert stark an eine Schiffskabine.

Eine andere Antwort auf die Anforderungen des Stadtwohnens, in dem Raum knapp ist und damit im Zentrum des Interesses steht, ist ein Look, bei dem alles eingebaut wird und wie aus einem Guss erscheint. Bei diesen beiden Beispielen – eines in Brüssel *(oben links)*, eines in Paris *(oben rechts)* – wird die monochrome Gestaltung durch kleine dekorative Interventionen belebt: eine Vase mit Blumen oder exzentrische Fliesen. Das eingebaute Badezimmer in einem Hotel in Mexico City *(gegenüber)* wirkt auf geradezu exemplarische Weise durchgestylt.

Badezimmer müssen nicht langweilig sein: Diese beiden in loftartigen Raumen in Paris zeigen sich in jeweils geradezu aufregendem Design, und zwar zum Teil aufgrund der mit Fantasie und Stilbewusstsein eingesetzten Fliesen, aber auch durch die nicht gerade herkömmliche Platzierung von Badewanne und Waschbecken. Ungewöhnlich auch der aus den 1930er Jahren stammende Bugholzstuhl von Alvar Aalto *(rechts)*. Beide Badezimmer öffnen sich zu einer Treppe.

Alle auf dieser Doppelseite präsentierten Badezimmer aus London, Paris und Los Angeles demonstrieren die Vielfalt von Designmöglichkeiten. Es sind attraktive und ungewöhnliche Räume, die auch den aktuellen Status eines Badezimmers als Ort ernsthafter Gestaltungsüberlegungen unterstreichen. Schon die Verwendung hochqualitativer Materialien und gestylter Armaturen macht jeden dieser Räume zu einem visuellen Vergnügen. Und wiederum werden glatte, hart und kühl erscheinende Oberflächen aus Zink, rostfreiem Stahl oder weißer Keramik durch weiche Badetücher, Fotografien an den Wänden oder rein ornamentale Objekte kontrastiert.

Obwohl nur wenig Platz zur Verfügung stand und die Basiselemente durchaus traditionell sind, wurden diese vier Badezimmer dank der speziellen Geschmäcker ihrer Besitzer zu so interessanten wie individuellen Räumen. Die skulpturalen Qualitäten der Vintage-Installationen erhalten durch Objekte, Lichtquellen und Spiegel – manchmal merkwürdig und unerwartet – zusätzliches Gewicht.

K A P I T E L 3

STADTOBERFLÄCHEN

Farben, Strukturen, Materialien, Finishes

Sie sind die vorherrschende Oberfläche, jene, die das Erscheinungsbild einer Stadt bestimmen: die Fassaden zahlloser Bürogebäude, Industriebauten, Läden, Hotels und Wohnhäuser. Ob wir sie von der Straße aus sehen, aus Bussen und Straßenbahnen oder aus unseren eigenen Wohnräumen – in jedem Fall sind sie es, die das Wesen und das Aussehen der Stadt um uns bestimmen. Und sie selbst werden wiederum zur Basis für andere urbane Oberflächen oder Strukturen, für Werbung, für politische Plakate, für Ankündigungen, Wandzeichnungen, Unterhaltung, Graffitis oder auch als willkürliche Zeichen urbanen Verfalls. Und in den Räumen hinter diesen Fassaden finden sich jene Oberflächen und Materialien, die vom individuellen Gefühl für Lebensräume bestimmt werden, von der privaten visuellen Organisation, die immer auch eine Antwort der Stadtbewohner auf den urbanen Kontext ist: schlicht, minimalistisch mit unverdeckten Oberflächen oder lebendige Farben, opulente Materialien und delikate Finishes.

Die Gesichter der Stadt sind ihre Fassaden, die vorherrschende Oberfläche, durchbrochen von den Augen der Stadt, den Fenstern zahlloser Appartements, Häuser und Büros.

Verschiedene Städte – unterschiedliche Gesichter: Gusseisen-Balkone an einem Pariser Wohnhaus *(links oben)*, Restaurierungsarbeiten in Brüssel *(links unten)*, experimentelle Moderne in Paris *(gegenüber oben)*, das spröde Antlitz New Yorks mit den berühmten Feuerleitern *(gegenüber unten)*.

Folgende Doppelseite
Urbane Oberflächen bieten grenzenlose Möglichkeiten für jede Form von Kunst: von Werbung und Wahlplakaten über Porträts von Ikonen bis zu Trompe-l'œil-Gemälden und Graffitis. Und manchmal sind sie auch der Platz für spleenige Merkwürdigkeiten wie an einem Wohnhaus in San Francisco *(Seite 139)*.

FRESH, SALT AND
MEYER'S
BRAND
THE BEST

36 EXPOSURES

MINET FRERES
LIVRES
ANCIENS

紅粉金剛

SKY

Muster und Materialien an den Außenwänden rangieren – mit allen denkbaren Zwischenstadien – von purer Zufälligkeit bis zum gezielt Gestalteten: Verfall und Patina der Vergangenheit in New York *(oben links)*, graphische Scherze in Barcelona *(oben rechts)*, eine formale *treillage* (Gitterwerk) in Paris *(gegenüber links)* und die zufälligen Schattenmuster, die ein hölzernes Gerüst in Bombay wirft *(gegenüber rechts)*.

Auch die Oberflächen der »inneren Stadt« – also der Wohnungen – versprechen aufregende visuelle Überraschungen. Die Faszination einer alten, unbehandelten Wand und ihr scheinbar zufälliges Muster ist Teil einer ganz neuen Art des Finishings. In diesem römischen Appartement *(links)* ist der Kontrast zwischen der rohen Wand und dem gepflegten Boden ein erstaunlich intensiver Blickfang. In einem alten Stadthaus in London *(rechts)* haben die Bewohner die Wand so gestaltet, wie sie möglicherweise in alten Zeiten einmal war und sie zum Hintergrund eines scheinbar willkürlichen Arrangements aus Bildern und Drucken gemacht.

Eine umgebaute Lokomotivwerkstätte in Argenteuil ist heute die Heimat einer Künstlergruppe. In diesem Appartement *(links)* wurden Wände und Boden mehr oder weniger in ihrem ursprünglichen Zustand belassen. Sie sind eine ausgesprochen passende Kulisse für die zusammengewürfelte Sammlung aus industriellen Versatzstücken und »primitiven« Möbeln. Mit rohen Holzplanken wurde diese Wand in einem Loft in Marseille *(rechts)* verkleidet. Sie ist Hintergrund und Konterpart für ein Arrangement moderner Möbelstücke, vor allem der eleganten Tulpenstühle von Eero Saarinen aus den Jahren 1955 bis 1956.

Die Wände der auf dieser Doppelseite präsentierten Wohnräume verkörpern zwei unterschiedliche Varianten des Wohnens in der Stadt: Die eine passt sich der nützlichen, praktischen Seite der Stadt, ihrer Schlichtheit und ihrem Minimalismus an, indem sie mit begrenztem Raum kühl-rational umgeht *(oben rechts und gegenüber links)*. Die andere scheint sich vom manchmal spröden Umfeld draußen abzugrenzen, indem sie Komfort und traditionell Dekoratives betont *(oben links und gegenüber rechts)*. Die minimalistischen Beispiele inkludieren eine Wand aus Zinkpaneelen, auf der Kühlschrankmagneten als Halterungen für Graphiken verwendet werden, und eine mit Holzplatten, deren Maserungen gegenläufig sind, was einen Patchwork-Effekt hervorruft. Weitaus traditioneller wird Patchwork in diesem Schlafzimmer *(gegenüber rechts)* mit den Druckgraphiken verwendet.

Die Besitzer von drei auf dieser Doppelseite gezeigten Wohnungen in Paris und Brüssel, konnten glücklicherweise eine Reihe intakter Einrichtungen aus dem 19. Jahrhundert übernehmen, darunter die Bodenfliesen: Sie alle sind ein schöner Anblick und bedürfen keines weiteren Schmucks, sie sind durchaus dominant und harmonieren dennoch bemerkenswert gut mit allen möglichen Möbelstücken, traditionellen ebenso wie klassischen. In einer Wohnung *(oben rechts)* wurden moderne, aber klassische Fliesen verwendet, die noch ein Stück an der Wand hinaufgezogen wurden, um den Raum optisch zu vergrößern.

Holzintarsien *(links)* machen den Boden in dieser Pariser Wohnung zu einem auffälligen, dekorativen Blickfang, obwohl der Raum überreich an Ornamenten und Dekorationsgegenständen ist. Ein schlichter, glatter Boden *(rechts)* kann eine ebenso wesentliche Rolle in der Gestaltung eines Raumes spielen, weil er die skulpturalen Qualitäten der Möbel unterstreicht – darunter ein klassischer Eames-Stuhl aus Sperrholz mit Birkenfurnier und ein Rollenkästchen, wie es früher in Krankenhäusern und Arztpraxen verwendet wurde.

Die Besitzer dieses kleinen Stadthauses im Londoner East End *(links)* entschieden sich für einen Look, bei dem Materialien der ursprünglichen Baustruktur in Form der originalen, unbehandelten Dielenbretter und weiß getünchten Wände sichtbar blieben. Die eklektische Sammlung aus Möbeln der klassischen Moderne und rustikalen Utensilien komplettieren dieses ausgesprochen individuelle Ambiente. Im Gegensatz dazu wurde das Interieur dieses Pariser Appartements *(rechts)* einer schick-puristischen Behandlung unterzogen. Dominant blieb dabei das Fischgrätenmuster des lackierten Bodens.

Üppigkeit in der Stadt – diese beiden Appartements *(links und rechts)*, eines in Paris, das andere in New York, demonstrieren eine andere Möglichkeit, Wohnräume im Herzen riesiger Ballungszentren zu gestalten. Vorherrschend ist in beiden eine Überfülle an Mustern und Materialien.

Folgende Doppelseite
Der schlichte versiegelte Holzboden in einem Haus in Los Angeles ist weder verstellt noch bedeckt und wird solcherart zu einem ausgezeichneten Hintergrund für die ungewöhnlichen modernen Möbel und die Kunstsammlung des Besitzers *(Seite 154)*. Völlig anders wurde mit dem Boden in diesem Pariser Appartement *(Seiten 155 & 157)* umgegangen, wo die brillanten Farben unterschiedlicher Teppiche und Matten ein Blickfang sind. Seit Muster von Vorhängen und Wänden verschwunden sind, wurden Designerteppiche zu einem Lieblingsstück innerhalb interessanter und innovativer Gestaltungslösungen – ideal sowohl für kleine als auch für große Stadtwohnungen.

In kleinen, loftartigen Wohnungen können scheinbar unpassende Elemente eine ausgesprochen dekorative Wirkung erzielen. Hier wurde die Treppe zur Schlafgalerie auf witzige Weise »verschönert« und wird so zu einem wesentlichen Faktor in der Gesamtgestaltung des Raums.

Mit elegantem Schwung führt diese skelettartige Treppe von einer in die andere Ebene der Wohnung. Sie schenkt dem Appartement einen interessanten visuellen Aspekt, ohne ihm Licht zu nehmen.

Und nochmals loftartige Räume, wie sie mittlerweile eine ganz bestimmte Art des Wohnens in der Stadt verkörpern. In diesen beiden Fällen wurde beim Umbau viel vom ursprünglichen Stil des Industriegebäudes beibehalten, vor allem was die Treppen betrifft: Sie sind robuste Elemente in der Gestaltung des Interieurs.

Treppen können durchaus zu zentralen Blickpunkten in Wohnungen und Häusern werden – entweder weil sie eine interessante Form haben, oder weil sie Raum bieten: um Gemälde oder Kunstobjekte aufzustellen oder sogar einfach dafür, tausend Dinge aufzubewahren. Ein geniales Beispiel für Letztgenanntes ist diese Treppe in einem Pariser Loft *(links)*, die zum unverzichtbaren Regal auf begrenztem Platz wird. Andere Beispiele aus London, Neapel, Paris und nochmals London *(rechts)* sind ihrer selbst wegen interessant – gleichgültig, ob sie nun mit dem Gebäude errichtet oder später in einer neuen, vereinfachten Version eingebaut wurden.

Befinden sich Treppen in Häusern oder Appartements in zentralen Positionen, beeinflusst ihre Form fraglos die gesamte Wohnatmosphäre. Wendeltreppen beispielsweise zeichnen sich durch eine besonders dominante Präsenz aus: entweder aufgrund ihrer genuin skulpturalen Gestalt, oder aufgrund der Formen und Räume, die an ihrem Fuß oder an ihrem Ende entstehen.

Mit vorhandenem Platz effizient umgehen zu können, ist für jedes Wohnen in der Stadt unerlässlich. Im Fall dieser beiden Appartements in Paris *(oben und gegenüber)* wurden Treppen und Galerien so verwendet, dass im Endeffekt zwei Räume aus einem geschaffen wurden. Im ersten entstand unter einer geraden »Leiter«-Treppe, die auf eine balkonartige Galerie führt, ein Alkoven; im anderen schmiegt sich die in die Küche führende Treppe um einen offenen Kamin.

K A P I T E L 4

STADTDETAILS

Präsentation, Aufbewahrung, Objekte & Kunst

Die Stadt selbst birgt in architektonischen Details, an Statuen, an multiplen Manifestationen von Farben, Formen und Materialen ihre eigenen Schönheiten. Dasselbe gilt für die Interieurs: Oft genug sind es bloß überlegte Petitessen, die Wohnräume zu einzigartigen Orten innerhalb der meist uniformen Tagesroutine an ebensolchen Arbeitsplätzen machen. Persönliche Stücke, Sammlungen und Leidenschaften, Familienfotografien und lieb gewordene Bilder, arrangiert in Vitrinen oder in scheinbarer Zufälligkeit auf Regalen platziert, können das simpelste viereckige Zimmer in einen witzigen, charmanten und behaglichen Raum verwandeln. Spezielle Einrichtungen, wie etwa ein offener Kamin, können zum Blickfang und zur Auslage für verschiedene dekorative Gegenstände werden. Und selbst Küchen können wunderbare Möglichkeiten bieten, einen höchst individuellen Geschmack zu verwirklichen. Vergessen sollte man zudem keinesfalls die wesentliche Rolle der Blumenhändler in den Städten: Hier lassen sich Farben, Formen und Materialien finden, die einen Hauch von Frische und Natur in dieses ständig gestresste urbane Leben bringen.

Fassaden und Dächer – die Details der urbanen Außenwelt – hat Gilles de Chabaneix oft und gerne fotografiert. Besonders fasziniert hat ihn in dieser Hinsicht das hier gezeigte Prag.

Bücher bringen in jeden Raum Abwechslung und sind ein interessanter Blickfang – tatsächlich helfen Bücher bei der Gestaltung eines Raums, vor allem wenn die Regale an unerwarteten Plätzen errichtet werden. Dieses elegante Beispiel in einem Pariser Appartement wurde als Türumrahmung geplant *(links)*. Besonders großzügig wirkt diese Privatbibliothek, die man durch eine Wandöffnung erspähen kann, die mit einem japanisch inspirierten Schirm verschließbar ist.

Die Anordnung der Bücher auf den Regalbrettern in diesem formellen Arbeitszimmer ist ein wichtiges Gestaltungsdetail. Sie verleihen dem Raum eine Ordnung, die den Effekt des imposanten Bücherschranks zusätzlich verstärkt.

Obwohl die Bücherschränke in diesem New Yorker Appartement tatsächlich in die Wand gebaut wurden, schaffen ihre klaren, einfachen Linien den Eindruck, sie würden frei stehen. Der Inhalt der einzelnen Regalbretter – Dekoratives, Bilder und frontal aufgestellte Bücher – ist bestechend abwechslungsreich, indem er das herkömmliche Arrangement von Büchern aufbricht.

Bei diesem modernen, loftartigen Raum *(oben und rechts)* wurde das Kunststück vollbracht, aus dem offenen Bücherschrank mit den Ordnern und Dokumenten einen dekorativen Fokus zu schaffen. In dieser Umgebung macht jedes einzelne Element starken Eindruck, vor allem der Stuhl.

Diese Räume in Stadtwohnungen *(oben und unten)* sind tatsächlich von Büchern dominiert, die eine alles bestimmende Atmosphäre von Bibliothek oder Arbeitszimmer schaffen.

In diesem bibliophilen Ambiente, in Paris *(oben)* und in Neapel *(unten)*, entsteht das Gefühl für die schönen Dinge des Lebens vor allem durch eine Atmosphäre des Lernens.

Dieses außergewöhnliche überdachte (Bücher-)Regal *(links)*, die Arbeit eines bekannten Pariser Möbeldesigners, ist ganz offensichtlich ein vielseitiges Möbelstück. Die Ausführung, für die Dübel aus Kastanienholz verwendet wurde, ist charakteristisch für diesen Designer. Eine andere höchst individuelle Regaleinheit ist dieses Arrangement aus Regalbrettern und Paneelen in einem römischen Appartement *(rechts)*: die glatten Oberflächen und die Farben erinnern stark an ein Gemälde von Piet Mondrian.

EMI

Schränke, Kommoden und Regale – Möbelstücken zum Aufbewahren von allem, was man braucht, kommt in der detaillierten Organisation urbanen Wohnraums große Bedeutung zu. Diese Möbelstücke wiederum können selbst eine wichtige Rolle im Gesamtdesign spielen – sei es aufgrund ihrer Ausführung oder deshalb, weil andere Objekte – Kunst, Glas oder Geschirr – auf oder in den Schränken, Kommoden und Regalen präsentiert werden. Die auf dieser Doppelseite gezeigten Beispiele reichen von der antiken Kommode im Badezimmer eines Londoner Stadthauses *(oben links)* über den Ladenschrank aus einem Geschäft *(oben rechts)* und ein Fabriksregal *(gegenüber links)* bis zu einem Metallschrank *(gegenüber rechts)*, die sich alle in einer Pariser Wohnung befinden.

Zwei weitere, sehr unterschiedliche Schränke, die jeweils eine ausgesprochen dominierende Position innerhalb der Raumgestaltung einnehmen: Der offene Holzschrank *(links)* erzielt seine Wirkung vor allem durch die Gegenstände – Steine, Muscheln, ausgestopfte Vögel und andere Tiere sowie persönliche Souvenirs –, die ihn zu einer Art zeitgenössisches Kuriositätenkabinett machen, wie es bei den wohlhabenden Studenten des 17. und 18. Jahrhunderts beliebt war. Völlig anders ist die Wirkung des kompromisslos aufgestellten Industrieschranks *(rechts)* in seiner Gegenposition zu den klassischen Tischleuchten und Wandappliken.

Ein Tisch als Ausstellungsfläche kann, ebenso wie die Arrangements in offenen Vitrinen oder auf Regalen, als dekorativer Blickfang dienen und gleichermaßen ein wenig von den persönlichen Liebhabereien preisgeben. Alle auf dieser Doppelseite präsentierten »Schreine« zeichnen sich durch viel Witz und Einfallsreichtum aus: die eleganten Blumen auf dem Storchenbeintisch *(oben links)*, teure Keramik auf einem besonders schönen Louis-Quinze-Tischchen *(oben rechts)*, eine bunt zusammengewürfelte Mixtur aus Objekten, die auch auf dem Boden darunter stehen *(gegenüber links)* sowie eine hübsche Kollektion von Vasen aus den 1950ern *(gegenüber rechts)*.

Hinter der viktorianischen Fassade eines Londoner Stadthauses *(links)* befindet sich dieses coole, puristische Interieur, das von skandinavischen und orientalischen Einflüssen inspiriert wurde. Breite Dielenbretter aus Oregonföhre bestimmen das gesamte Ensemble bereits auf Bodenebene. Alle dekorativen Elemente des originalen Interieurs aus dem 19. Jahrhundert wurden eliminiert, und mit der Entfernung von Zwischenwänden entstand eine Reihe von ineinander übergehenden Nischen und Vorsprüngen. Rudimente der ursprünglichen Raumaufteilung blieben in Form offener Kamine bestehen, die jedoch von allem Schmuck befreit und auf ihre pure Funktion reduziert wurden. Auch auf Persönliches wurde größtenteils verzichtet – sogar die Polster in dem Nischenplatz wirken eher symbolisch als in täglichem Gebrauch.

An die industrielle Vergangenheit eines der Lofts in der Lokomotivwerkstätte in Argenteuil *(rechts; siehe auch Seite 143)* erinnern die nüchternen Beleuchtungskörper und der massive Rauchabzug.

Offene Kamine haben als wesentliche dekorative Elemente auch in Stadtwohnung die Zeiten überstanden. Sie sind immer ein Blickfang im Raum und eignen sich hervorragend für die Präsentation von Objekten und Kunst: Auf das Kaminsims kann man alles mögliche stellen, während sich die Kaminwand ausgezeichnet zum Aufhängen von Bildern oder Spiegeln eignet. An den ausladenden Flanken der Kamine können die Wände geschmückt, Bücherregale oder Vitrinen aufgestellt werden. Die auf dieser Doppelseite präsentierten Kaminvarianten rangieren von poliertem Metall *(oben links)* über dekorative Keramikfließen *(oben rechts)* und skulptierten Marmor *(gegenüber links)* bis zu geschnitztem Holz *(gegenüber rechts)*. Feuerböcke und andere Gegenstände in der Kaminöffnung fügen sich in den dekorativen Gesamteindruck.

Diese beiden offenen Kamine befinden sich in einem Pariser Appartement. Beide zeichnen sich durch einen gewissen dekorativen Manierismus aus – der eine als bloßes Konzept eines Kamins, der andere als ein sich immer wieder veränderndes Tableau von Inschriften, Zeichnungen und anderen grafischen Elementen.

Das konzentrierte Arrangement aus Statuen und anderen dreidimensionalen Kunstobjekten wirkt in diesem monochromen Setting einer Pariser Wohnung *(links und rechts)* besonders beeindruckend. Die Besitzer haben alle weiteren Schmuckelemente bewusst auf ein Minimum reduziert, um ihre Sammlung primitiver Kunst besonders dramatisch in Szene zu setzen.

Ein Schreibtisch ist, sofern er nicht in einem als Arbeitszimmer bestimmten Raum steht, immer ein Fokus, eine Aktivität vermittelnde Alternative zum Sofa, zum Fauteuil, zur Sitzecke. Er ist ein Blickfang und kann als solcher besonders attraktiv werden, wenn auch ungewöhnliche Objekte oder kleine Kunstwerke auf dem Schreibtisch aufgestellt werden – so, wie in den Beispielen auf dieser Doppelseite: eine klar definierte »Büroecke« *(oben links)*, ein Schreibtisch mit Rollladen *(oben rechts)*, einer mit Aufsatz *(gegenüber links)* und einer mit ausziehbarer Schreibplatte *(gegenüber rechts)*.

Fünf Beispiele für die moderne Version eines kleinen und doch Aufmerksamkeit erregenden Arbeitsplatzes in Stadtwohnungen: die Bilder stammen aus Paris, Rom und Neapel *(links)*. Möbelstücke im Stil Carlo Bugattis verleihen diesem Arbeitsplatz in Paris *(rechts)* einen höchst dekorativen Touch.

Ein kleiner Tisch beim Fenster schafft oft einen hübschen Platz, an dem es sich gut lesen oder arbeiten lässt. Solche Arrangements passen besonders gut in kleine Stadtwohnungen, wo Platz rar ist.

Solche Arrangements leichter, flexibler Möbelstücke können sowohl als Leseplatz als auch als Esstisch für einen Imbiss alleine dienen.

So wie Tische durch Formen und Materialien, mit denen man sie bedeckt, lebendig werden, können auch Wände dank persönlicher Sammlungen von Gemälden und anderen Objekten zum Leben erwachen – umso mehr, wenn Letztere scheinbar willkürlich und zufällig positioniert werden: eine Kollektion »politischer« Fotografien über einem geschnitzten Tagesbett in Istanbul *(oben links)*, Stadtpläne, die die City in eine römische Wohnung bringen *(oben rechts)*, Bücher, Bilder und eine Tizio-Lampe in einem Pariser Schlafzimmer *(gegenüber links)* sowie von Kindern geschaffene Bilder und Objekte in einem mexikanischen Haushalt *(gegenüber rechts)*.

Eine der genialsten Möglichkeiten, eine Wand zu dekorieren, ist, aus ihr eine Montage aus zahllosen Erinnerungsbildern und Souvenirs oder ein Skizzenbuch zu machen. Die Wände dieser Pariser Wohnung *(oben)* sind über und über bedeckt mit Fotografien von Verwandten und Freunden des Besitzers. Unterbrochen wird diese Privatgalerie von Regalen mit unterschiedlichen Gegenständen, deren einzige Gemeinsamkeit die persönliche Relevanz ist. Diese Art der Dekoration hat Variationen: Beispielsweise die unglaubliche Postkartensammlung, auf der ausschließlich Felsblöcke zu sehen sind *(gegenüber)*, kombiniert mit einem Tisch, auf dem persönliche Gegenstände, Bücher, Fotografien und andere Objekte zu sehen sind.

Vier einfache und kostengünstige Möglichkeiten, um einzelne Bereiche einer Stadtwohnung zu einem sehr persönlichen Eye-Catcher zu machen: lieb gewordene Objekte und Bilder in einem einfachen Arrangement *(oben links)*, Familienfotografien mit handbemalten Teekannen *(oben rechts)*, Polaroid-Paneele als Tableau der privaten Familiengeschichte *(gegenüber rechts)* und eine Sammlung antiker Bilderrahmen als origineller Wandschmuck *(gegenüber rechts)*.

Gerahmte Bildnisse verleihen dem simpelsten Loft Originalität. Hier *(links oben und unten)* sind sie scheinbar willkürlich arrangiert und korrespondieren so mit dem schlichten Raum. Ebenso einfach, doch formeller angeordnet sind die Reihen aus Ikonen in einem Haus in Palermo *(rechts)*.

Blumen sind eine besonders dankbare Möglichkeit, Wohnräume mit Farben, Formen und Materialien zu bestücken. Zur Geltung kommt dies vor allem dann sehr gut, wenn Blumen mit anderen Objekten oder Bildern kombiniert werden und so eine Palette anmutiger Vignetten entsteht *(rechts)*. Außerdem bringen Blumen einen Hauch von Natur, wonach sich im urbanen Ambiente viele sehnen. Selbst eine einfache Orchidee *(links)* kann Glanz in eine Ecke der Wohnung bringen: Dank ihrer skulpturalen Form und langen Haltbarkeit wurde sie längst zu einem Klischee in den Dekorationsplanungen von Stadtwohnungen.

Vier Beispiele dafür, welch glückliche Kombinationen aus Blumen, Vasen und um diese herum angeordneten Objekten und Möbeln entstehen können *(diese Doppelseite)*: Das behutsame Platzieren vor einem Fenster, einer Wand oder vor Bildern lassen die Blüten noch schöner erscheinen.

Diese beiden minimalistischen Arrangements *(links und rechts)* wirken – sowohl die Form der Vasen als auch ihre Anordnung auf dem Tisch betreffend – ausgesprochen japanisch, wurden jedoch in Paris fotografiert. Oft sind es solch kleine Details, die durch Form, Einfallsreichtum und Witz, die ihrer Gestaltung gewidmet werden, den stärksten Eindruck in einem Raum machen.

In diesem Arrangement auf einem Bücherschrank mit antiquarischen Folianten steht die Wellenform der Venini-Vase *(links)* sowohl zum Winkel der Tulpen als auch zur Darstellung im Bild darüber in harmonischer Relation. Weiche, runde Formen zeichnen auch diese Sammlung von Objekten aus dem Fin de Siècle aus *(rechts)*, deren perfekter Begleiter ein üppiger Rosenstrauß ist.

Witzige und einfallsreiche Dekorationsmöglichkeiten ergeben sich manchmal an unerwarteten Plätzen – zum Beispiel dieses filigrane Objekt an der Vorhangstange in einem Pariser Appartement *(links)*. In einer anderen Wohnung in Paris beweist diese luxuriöse Vorhangspange *(rechts)*, dass der Besitzer kein Dekorationsdetail dem Zufall überlässt.

Diese beiden Interieurs – eines in Paris *(oben)*, eines in Neapel *(gegenüber)* – strahlen Eleganz aus, und zwar vor allem durch ihre Liebe zum Detail und die mit Bedacht gruppierten Möbel. In beiden Fällen sind es die Vorhänge, die den Räumen mit ihrer geradezu skulpturalen Qualität Wärme und Behaglichkeit schenken. Besonders auffällig ist das in der Pariser Wohnung, wo sie als Hintergrund der brillanten Farben des Rietveld-Stuhls dienen.

Fenster spielen in jedem Raum eine große Rolle: Entweder um so viel Licht wie nur möglich hereinzulassen, oder um ein Höchstmaß an Privatsphäre mit Vorhängen und Jalousien – die dann selbst zu wesentlichen Gestaltungselementen werden – zu erreichen. In den hier präsentierten Fällen werden Jalousien – und Milchglas *(gegenüber rechts)* – verwendet, um das Licht zu filtern. In dem genialen Beispiel aus San Francisco *(oben rechts)* wird die Jalousie vom Boden nach oben gezogen, womit einerseits Privatsphäre, andererseits aber auch ausreichender Lichteinfall gewährleistet ist.

Dieses moderne Haus in Marseilles ist eine veritable Galerie moderner Klassik – inklusive legendärem »Butterfly«-Stuhl *(oben)* aus dem Jahr 1938, Fauteuils und Sofa von Le Corbusier, Stuhl und Hocker von Eames sowie der berühmten Lampe von Gae Aulenti. Am auffälligsten jedoch ist die Verwendung eines Tarnnetzes, das der langen Galerie effektvoll Schatten spendet.

Rund um den Swimmingpool des Hauses *(siehe vorhergehende Doppelseite)* schafft der Camouflage-vorhang eine beeindruckende Atmosphäre: schützend, skulptural und doch weich.

KAPITEL 5

STADTLEBEN

Straßen, Plätze, Märkte

Zu den markantesten Fotografien aus dem Œuvre Gilles de Chabaneix' zählt eine Reihe von »Stadtansichten« aus aller Welt. Es sind kraftvolle Demonstrationen der Komplexität und Monumentalität großer Städte. Fasziniert haben Chabaneix jedoch auch die Details urbaner Gemeinschaften, das Getriebe auf den Straßen und Plätzen, in den Bars und Restaurants – ein dichtes Netzwerk aus urbanen Stilvarianten, Beziehungen, Kulturen und der Anstrengung, die das Stadtleben auch bedeutet. Mit viel Empathie sah und dokumentierte er das Leben auf den Straßen, wo die Stadtkultur ihren Ausdruck findet: in Gesprächen, beim Essen und Trinken auf Caféterrassen, oder wenn die Menschen schlicht ihren Geschäften nachgehen, sich auf den Straßen bewegen oder auf den Märkten ihrer unmittelbaren Nachbarschaft einkaufen. Speziell auf Märkte wird auf den nun folgenden Seiten großes Augenmerk gelegt: Farben, Düfte und Lebendigkeit der Nahrungsmittelmärkte, die Frische und Natur in die Stadt bringen, und natürlich Flohmärkte, die als Metapher für die Gabe der Stadt, sich ununterbrochen zu recyceln und zu erneuern, stehen können.

Die älteste der großen französischen Städte: Marseille, deren geschäftiger und dynamischer Charakter sich perfekt ausdrückt in diesem Durcheinander aus Fassaden und Dächern, die sich über dem Hafen bis auf den Stadthügel erstrecken.

Jede Stadt hat ihre unverwechselbare Identität, ihr eigenes Gefüge und Profil, die von der Geschichte, den Traditionen und dem Klima bestimmt werden. Und von keinem Punkt lässt sich das besser überblicken als aus der Vogelperspektive: schneebedeckte Dächer in Quebec *(oben links)*, der Charme der Alten Welt in Porto *(oben rechts)*, die berühmten *toits de Paris (gegenüber links)* und mitteleuropäische Ordnung in Prag *(gegenüber rechts)*.

Folgende Doppelseite
Thema mit Variationen: Straßenleben in Marrakesch, Kairo, New York, Moskau, London und Paris. Und noch mehr London *(Seite 229)*: eine Fußgängerzone an der Themse in der Nähe der Tower Bridge.

SONY
US ARMED FORCES

Am figurativen Bild einer Stadt – entweder in Form frei stehender Statuen oder als Teil von Gebäuden – laufen viele vorbei, ohne es wahrzunehmen: Zu sehr verschwindet es im Mauerwerk seiner Umgebung oder ist durch seine Platzierung den Blicken gleichgültiger Passanten verborgen. Schwer hingegen würde es fallen, diese kraftvollen Skulpturen *(oben links und rechts)* an Saarinens Bahnhof in Helsinki beziehungsweise an einer Brücke in Amsterdam zu ignorieren. Stadtansichten einmal anders: Der Blick aus dem Fenster bei einem New Yorker Spezialisten für die Rettung figuraler Architekturelemente, eine besondere Art des Recyclings der Artefakte einer großen Stadt *(gegenüber)*.

Gigantische Atlanten tragen das massive Gebälk eines der grandiosesten Gebäude in St. Petersburg.

Andere Städte, andere Gesichter: ein Fin-de-Siècle-Mädchen versprüht ihren Charme in Barcelona *(oben links)*, und in Wien verschönert eine barocke Figurengruppe die Fassade an der Hofburg *(oben rechts)*.

In den großen Städten sind es besonders die Grünflächen, die zum Verweilen einladen, die einen Moment der Ruhe inmitten des hektischen Getriebes zwischen den verkehrsreichen Straßen schenken. Sie bringen die Natur in eine Welt, die ausschließlich von Menschenhand geschaffen wurde. Besonders London profitiert von einer Reihe großer, eleganter Grünflächen *(links)* und landschaftlich gestalteter Parks *(oben)*.

Die Lebendigkeit einer Stadt ist eng an die Qualität ihres öffentlichen Lebens gebunden, an friedliche Menschenansammlungen und Unterhaltungen. Alle großen Kulturen bezogen ihre Bedeutung auch aus dem Niveau, das ihr öffentliches Leben hatte – daraus, wie sehr sie im besten Sinn des Wortes »urban« waren. Plätze und Terrassen sind *die* zentralen Anziehungspunkte von Los Angeles *(oben)* bis zur kleinen Stadt in Polen *(unten)*.

Die Sommersonne treibt die Menschen zur Mittagszeit ins Freie: im Londoner Stadtteil Soho *(oben)*, und in Tokio ist das Erblühen der Kirschbäume Anlass für gemeinsames Feiern *(unten)*.

Belebt werden Städte durch die vielen Menschen, die sich auf den Straßen und Plätzen bewegen. Viel intensiver noch findet das Leben im Freien in Städten mit freundlichem Klima statt: Barcelona, Athen, London und Havanna *(diese Doppelseite)*. Und was in den südlichen Städten spontan geschieht, wird in jenen der westlichen Hemisphäre oft durch die Gestaltung von Fußgängerzonen unterstützt.

Entlang den Straßen der Städte befinden sich einige der wesentlichsten Elemente urbanen Lebens: Bars, Restaurants, Cafés, Läden und Märkte. Sie sind die Zentren, in denen Fremde miteinander reden, wo gegessen und getrunken wird: auf einer Caféterrasse in Brüssel *(oben)* oder auf einem New Yorker Flohmarkt *(unten)*, eine veritable Schatzkiste, in der sich alles Erdenkliche finden lässt.

Das Bedürfnis nach Frischem, Natürlichem und Hausgemachtem ist in modernen Städten besonders groß. Eine Antwort darauf sind meist wöchentlich abgehaltene Bauernmärkte – hier ein Beispiel aus New York *(oben)*. Ein anderer Aspekt sind Blumenmärkte wie dieser im Londoner Stadtteil Chelsea *(unten)*.

Kleine Verkaufsstände sind ein vitales Element innerhalb des Lebens in der Stadt. Straßenhändler und kleine Märkte – hier in Bombay *(links)* und in Neapel *(rechts)* – sind gleichermaßen Brennpunkte und Farbtupfer in den Straßen der Stadt. Sie machen die Stadt menschlich und bieten viel Gelegenheit für Plaudereien und den Einkauf natürlicher Köstlichkeiten. Zudem sind sie die wesentliche Verdienstquelle für Kleinhändler.

VICO DEL FIC
AL PVRGATORI

Dieser erstaunliche Anblick von Verpackungen auf einem Fischmarkt in Tokio *(oben)* macht deutlich, wie groß die Rolle starker visueller Eindrücke in Städten ist. Vor allem auf Märkten hängt der Feel-good-Faktor eng mit dem ausgestellten Überfluss zusammen. Ähnliches gilt auch für diesen offenen Laden in Tokio *(unten)*: Der Blick auf die bis unter die Decke mit unzähligen Dingen vollgeräumten Regale ist herzerwärmend und wird im Zeitalter ausdrucksloser Ladenketten immer wertvoller.

Ein Markt an sich ist reich an Farben, Texturen, Formen und Mustern, seinen Effekt bezieht er aus der verschwenderischen Fülle dargebotener Waren – wie in diesem offenen Laden in Tanger *(oben)*. Zum Leben erwachen Märkte – wie dieser Bauernmarkt in New York *(unten)* – schließlich durch das Handeln, die Verkäufer und die Käufer, die sich in einer Atmosphäre treffen, wie sie für herkömmliche Kaufhäuser ganz und gar undenkbar wäre.

Eine wesentliche Einrichtung in vielen Städten sind Markthallen, die sich in Anlage und Organisation deutlich von offenen Märkten unterscheiden, wie man an den Beispielen aus Budapest *(oben links)* und Barcelona *(oben rechts)* sehen kann: Es sind permanent eingerichtete Strukturen mit auf Dauer angemieteten Ständen, die vorwiegend von Stammkundschaft aufgesucht werden. Ganz anders präsentieren sich offene Märkte wie dieser in Guatemala *(gegenüber)* – improvisiert, ungeplant, ein farbenfrohes Sammelsurium. Für kleine Bauern und Landbewohner ist das eine Möglichkeit, einander zu treffen, vor allem jedoch eine wichtige Einkommensquelle.

Flohmärkte sind wie Seismographen für Geschmack und Zeitgeist: Was gestern noch unbeachtet im Keller lag, ist heute Antiquität. Auch die Märkte selbst verändern sich – manchmal in ihrem Angebot, manchmal in ihrer Größe. Dennoch bleiben sie, was sie immer waren: Treffpunkte voller Lebendigkeit in nahezu jeder großen Stadt: in Brüssel *(oben links)*, London *(oben rechts)*, Barcelona *(gegenüber links)* und Wien *(gegenüber rechts)*.

Manchmal haben die Ränder der Märkte eine Intensität, die durchaus als eine Art Metapher für die Komplexität moderner Städte betrachtet werden kann *(oben)* – sie lassen an die vielen Menschen denken, die dem urbanen Dasein Leben und Sinn verleihen, was dann und wann auch Absurditäten hervorrufen kann, ganz wie dieses Angebot von Second-hand-Schuhen *(gegenüger)*. Doch die wahre Stadt erneuert sich immer wieder, selbst nach den furchtbarsten Tragödien, die sie heimsuchen mögen – genauso wie der Markt morgen, übermorgen und jeden darauffolgenden Tag wieder aufsperren wird *(folgende Doppelseite)*.

Kursiv gesetzte Ziffern verweisen auf Abbildungen.

DANKSAGUNG

Die Fotografien dieses Buches sind das Ergebnis jahrelangen Reisens rund um die Welt, um die Aufträge verschiedener Kunden und Magazine zu erfüllen. Herzlicher Dank gebührt Catherine de Chabaneix nicht nur für ihre Hilfe während der Arbeit an diesem Buch, sondern auch für ihr ununterbrochenes Engagement, mit dem sie das bemerkenswerte Archiv Gilles des Chabaneix' verwaltet. Außerdem danke an all die Menschen, die dazu beitrugen, dieses Projekt zu verwirklichen: Martine Albertin, Béatrice Amagat, Catherine Ardouin, Françoise Ayxandri, Marion Bayle, Jean-Pascal Billaud, Anna Bini, Marie-Claire Blanckaert, Barbara Bourgois, Marie-France Boyer, Marianne Chedid, Alexandra D'Arnoux, Jean Demachy, Emmanuel de Toma, Geneviève Dortignac, Jérôme Dumoulin, Marie-Claude Dumoulin, Lydia Fiasoli, Jean-Noel Forestier, Marie Kalt, Françoise Labro, Anne Lefèvre, Hélène Lafforgue, Catherine Laroche, Nathalie Leffol, Blandine Leroy, Marianne Lohse, Véronique Méry, Chris O'Byrne, Christine Puech, José Postic, Nello Renault, Daniel Rozensztroch, Elisabeth Selse, Suzanne Slesin, Caroline Tiné, Francine Vormèse, Claude Vuillermet, Suzanne Walker, Rosaria Zucconi und Martin Bouazis.

Vielen Dank auch all jenen, die uns das Fotografieren in ihren Häusern und Wohnungen erlaubten: Jean-Marie Amat, Mea Argentieri, Avril, Claire Basler, Bébèche, Luisa Becaria, Dominique Bernard, Dorothée Boissier, Carole Bracq, Susie und Mark Buell, Michel Camus, Laurence Clark, Anita Coppet und Jean-Jacques Driewir, David Cornell, Bertile Cornet, Jane Cumberbatch, Geneviève Cuvelier, Ricardo Dalasi, Anne und Pierre Damour, Catherine Dénoual, Dominique und Pierre Bénard Dépalle, Phillip Dixon, Ann Dong, Patrice Doppelt, Philippe Duboy, Christian Duc, Jan Duclos Maïm, Bernard Dufour, Explora Group, Flemish Primitives, Michèle Fouks, Pierre Fuger, Massimiliano Fuksas, Teresa Fung und Teresa Roviras, Henriette Gaillard, Jean und Isabelle Garçon, John MacGlenaghan, Fiora Gondolfi, Annick Goutal und Alain Meunier, Murielle Grateau, Michel und Christine Guérard, Yves und Michèle Halard, Hotel Le Sénéchal, Hotel Samod Haveli, Anthony Hudson, Ann Huybens, Patrick T'Hoft, Igor und Lili, Michèle Iodice, Paul Jacquette, Hellson, Jolie Kelter und Michael Malcé, Amr Khalil, Dominique Kieffer, Kiwayu Safari Village, Lawrence und William Kriegel, Philippe Labro, Karl Lagerfeld, François Lafanour, Nad Laroche, Rudolph Thomas Leimbacher, Philippe Lévèque und Claude Terrijn, Marion Lesage, Lizard Island Hotel, Luna, Catherine Margaretis, Marongiu, Mathias, Valérie Mazerat und Bernard Ghèzy, Jean-Louis Mennesson, Ilaria Miani, Anna Moï, Leonardo Mondadori, Jacqueline Morabito, Christine Moussière, Paola Navone, Christine Nicaise, Christian Neirynck, Jean Oddes, Catherine Painvin, John Pawson, Christiane Perrochon, Phong Pfeufer, Françoise Pialoux les Terrasses, Alberto Pinto, Stéphane Plassier, Morgan Puett, Bob Ramirez, Riad Dar Amane, Riad Dar Kawa, Yagura Rié, Guillaume Saalburg, Holly Salomon, Jérôme-Abel Séguin, Jocelyne und Jean-Louis Sibuet, Siegrid und ihre Cousins, Valérie Solvi, Tapropane Villa, Patis und Tito Tesoro, Richard Texier, Jérôme Tisné, Doug Tomkins, Anna und Patrice Touron, Christian Tortu, Armand Ventilo, Véronique Vial, Barbara de Vries, Thomas Wegner, Quentin Wilbaux, Catherine Willis.

Zu Dank verpflichtet sind wir auch jenen Magazinen, die uns erlaubten, Fotografien, die ursprüglich bei ihnen erschienen, für dieses Buch zu verwenden: *Architectural Digest* (French Edition), *Atmosphère*, *Coté Sud*, *Elle*, *Elle à Table*, *Elle Décoration*, *Elle Décor Italie*, *Madame Figaro*, *Maison Française*, *Marie Claire*, *Marie Claire Idées*, *Marie Claire Maison*, *The World of Interiors*.

Bibliografische Information der Deutschen Nationalbibliothek
Die Deutsche Nationalbibliothek verzeichnet diese Publikation in der Deutschen Nationalbibliografie; detaillierte bibliografische Daten sind im Internet über http://dnb.d-nb.de abrufbar.

1. Auflage

Graphisches Konzept & Schutzumschlag:
Stafford Cliff
Lektorat der deutschsprachigen Ausgabe:
Fitore Brahimi
Druck & Bindung:
CS Graphics, Singapore

ISBN 10: 3-85033-058-3
ISBN 13: 978-3-85033-058-9

Christian Brandstätter Verlag
GmbH & Co KG
A-1080 Wien, Wickenburggasse 26
Telefon (+43-1) 512 15 43-0
Fax (+43-1) 512 15 43-231
E-Mail: info@cbv.at
www.cbv.at

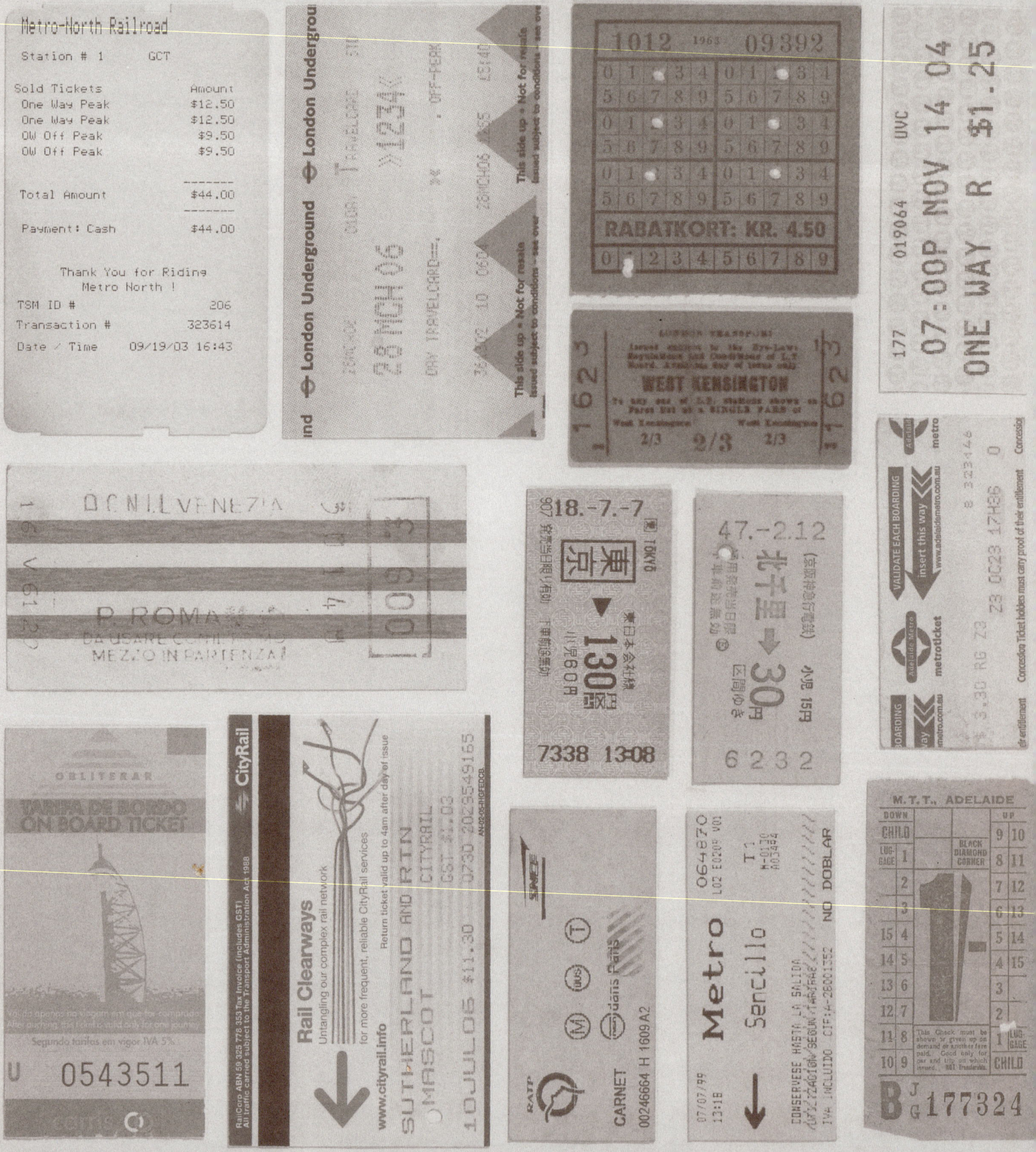
Metro-North Railroad
Station # 1 GCT
Sold Tickets Amount
One Way Peak $12.50
One Way Peak $12.50
OW Off Peak $9.50
OW Off Peak $9.50
Total Amount $44.00
Payment: Cash $44.00
Thank You for Riding Metro North !
TSM ID # 206
Transaction # 323614
Date / Time 09/19/03 16:43
London Underground
28 MCH 06
DAY TRAVELCARD
This side up • Not for resale
1012 1963 09392
RABATKORT: KR. 4.50
07:00P NOV 14 04
ONE WAY R $1.25
LONDON TRANSPORT
WEST KENSINGTON
2/3
P. ROMA
MEZZO IN PARTENZA
18.-7.-7
東京
130円
7338 13:08
47.-2.12
30円
6232
VALIDATE EACH BOARDING
insert this way
www.adelaidemetro.com.au
metroticket
Concession
OBLITERAR
TARIFA DE BORDO
ON BOARD TICKET
U 0543511
CityRail
Rail Clearways
Untangling our complex rail network
for more frequent, reliable CityRail services
www.cityrail.info
SUTHERLAND AND RTN
MASCOT
10JUL05 $11.30
RATP
CARNET
00246664 H 1609A2
064870
Metro
Sencillo
NO DOBLAR
M.T.T., ADELAIDE
CHILD
BLACK DIAMOND CORNER
B 177324